27
Ln 15050.

L'AMI

DE M^R. NAST,

A SES DEUX JEUNES AMIS,

SES FILS, ET A SES BRUS.

PARIS,

L. COLAS, Imprimeur-Libraire, rue du Petit-Bourbon
Saint-Sulpice, n°. 14.

MARS 1817.

NOTICE NÉCROLOGIQUE

Sur Jean-Népomucène-Hermann Nast, *membre du Collége Électoral du département de la Seine, de la Société Philantropique et de celle d'Encouragement, l'un des notables commerçans de la capitale, décédé le 15 mars 1817.*

Les arts, l'industrie et le commerce, destinés à former désormais le lien indissoluble des nations civilisées de l'Europe, viennent de perdre dans la personne de M. *Jean-Népomucène-Hermann* Nast, un des hommes qui en ont le plus honorablement fourni la carrière, en même temps qu'un de ceux qui ont le plus honoré l'humanité par la réunion de toutes les vertus.

Mais faisons d'abord connaître l'artiste : né en 1754, à Ragasburg en Styrie, il quitta son pays et vint en France, sans secours, sans appui, et n'ayant de ressource que ce génie qui l'eût rendu apte à tout, parce qu'il était doué d'une raison peu ordinaire, d'un sens exquis, d'une volonté forte, enfin d'un courage d'esprit qui le mettait au-dessus de cette foule d'événemens contraires qui se rencontrent sur le chemin de la vie. Né sans fortune, il était destiné à en acquérir une, même considérable.

Mais, auteur de cette fortune, voyons de quel point il est parti pour y arriver, et surtout l'usage qu'il en a fait; ce sera offrir un grand exemple à ceux qui, nés avec l'esprit d'ordre, le sentiment de la vertu, se confiant enfin dans la Providence, maîtresse de nos destinées, s'y abandonnent et se rendent d'autant plus dignes de ses dons, qu'ils ont supporté ses adversités avec ce courage d'esprit et d'âme qui les fait surmonter.

La première de ces adversités fut, à son arrivée à Paris, d'y tomber malade; seul, sans savoir un mot de français, sans interprète, il est transporté à l'Hôtel-Dieu; cet asile n'était point alors ce qu'il est aujourd'hui, l'un des plus beaux temples consacrés à l'humanité souffrante. Cependant il y existait de ces anges de la religion, de ces saintes filles, auxquelles cet abandon d'un jeune étranger, loin de sa terre natale, inspira un touchant intérêt; elles lui prodiguèrent des soins et des consolations qui lui rendirent la santé; aussi n'oublia-t-il pas ses bienfaitrices, et *de plus il en parlait*.

M. Nast était, disons-nous, apte à tout : il eût été excellent administrateur, homme d'état, comme il est devenu un excellent fabricant de porcelaine; aussi le choix d'une profession lui parut-il indifférent. Il avait rencontré un de ses compatriotes, garçon sellier, et *il se fit sellier*. Mais n'entrevoyant pas, dans cet état, les moyens de venir, aussi promptement qu'il le désirait, au secours de sa famille et des infortunés dont il voulait par la suite l'accroître ; le hasard, qui, pour un esprit droit, devient souvent le meilleur conseiller, lui offre à Vincennes l'entrée d'une manufacture de porcelaine ; et c'est l'état auquel, dès ce moment, il prétend se fixer ; carrière qu'il a parcourue pendant trente-cinq ans, et dans laquelle il se plaça si promptement au nombre des premiers fabricans de la France. Mais combien il y avait loin de ce début, au degré qu'il a su atteindre ! Toutefois que ne peut l'*improbus labor ?* adage qui lui était connu, sans doute, mais dont il a fait une si heureuse application.

Les heures de ses repas s'employaient à l'école gratuite de dessin ; il y obtint des succès et devint son dessinateur. Ses veilles étaient sacrifiées à se fortifier dans son nouvel art, et il devint également son tourneur, son mouleur. Suivons-le, et ces détails deviendront une leçon et un grand exemple fait pour relever beaucoup de ces courages qui se laissent si fréquemment abattre, pour ne pas bien connaître le sentiment de leurs forces, la puissance de cette volonté qui sait articuler *je veux*.

Un fort fabricant de la capitale, ayant vu les premiers essais de la manufacture vraiment en miniature de M. Nast, désira se l'associer ; mais il recula à la vue d'un atelier qui consistait en une masure ayant une seule croisée de face. L'alcôve était son magasin ; l'autre moitié de chambre, son laboratoire ; et un grenier, son lit. Deux fois le feu prit dans ce simulacre de manufacture ; mais, loin de se décourager, il parvenait à surmonter tous les obstacles ; quant à son régime, c'était celui des anachorètes, *du pain et de l'eau.*

L'Espagne désirait jouir de cet art alors naissant ; un chimiste français, M. Proust, bon appréciateur des progrès que cette humble manufacture promettait, indiqua M. Nast à l'ambassadeur. Acquérir son fonds, qui se montait à 15 ou 1800 francs, et les frais de son voyage, telles étaient les conditions de M. Nast : ce n'était pas mettre à un trop haut prix sa translation en Espagne. Le gouvernement fit attendre trois mois la réponse : il acceptait ; mais, dans cet intervalle, l'inventaire de la fabrique avait doublé ; il fallut obtenir de nouveaux ordres pour conclure, et quand, quelques mois après ils arrivèrent, M. Nast ne voulut plus : il était trop sûr de sa fortune en France, pour aller la tenter à Madrid ; et, grâce aux lenteurs du gouvernement espagnol, Paris conserva l'homme qui était destiné à hâter les progrès de son art.

En effet, on doit à M. Nast d'avoir rendu l'usage de la porcelaine populaire, en raison de la perfection de pâte, d'émail et surtout de cuisson ; mais surtout en raison du bas prix auquel elle se vend. *La meilleure marchandise donnée à meilleur marché*, tel était le secret de sa fortune; et il le révélait à tous les fabricans.

Son commerce prit rapidement une grande extension en France et chez l'étranger, comme réunissant l'élégance des formes à la solidité de la dorure. Il eut part aux prix d'encouragement lors des expositions des produits d'arts. On lui est redevable des beaux reliefs obtenus par la molette, et qui offrent à l'œil ce que la ciselure sur or et argent a de plus élégant et de plus fini.

C'est à M. Nast que s'adressait l'économie pour la confection en porcelaine d'ustensiles plus appropriés à ses usages; tels que les cafetières arabiques, des casseroles emboîtées, des veilleuses, des siéges hydro-pneumatiques. Il n'épargnait aucune dépense pour multiplier ainsi tout ce que les amis de cette économie lui proposaient.

J'ai parlé de ce caractère qui faisait triompher M. Nast des obstacles les plus insurmontables; citons un exemple de ce sang-froid, de cette présence d'esprit qui, plus commune qu'elle ne l'est ordinairement, eût, à l'époque de la révolution, prévenu beaucoup de ses excès, parce qu'un courage calme impose à la multitude, apaise aisément les flots d'une sédition, arrête même le poignard prêt à frapper. Ici, c'est la potence dressée!

Des ouvriers du faubourg Saint-Antoine qui avaient pour complices plusieurs de ceux de sa manufacture, avaient conçu le projet de le *pendre*. Une corde, une échelle étaient disposées à la porte d'entrée de sa maison, lorsqu'une femme, instruite du complot, court en instruire celui qui en était l'objet. La détermination de M. Nast fut bientôt prise : il ne rentra que fort tard, ce qui déconcerta ces scélérats ; la nuit tombante les avait dispersés. Le lendemain, la porte de la manufacture s'ouvre comme à l'ordinaire ; à l'arrivée des ouvriers, il les congédie tous, sans exception, et il ne consentit ensuite à reprendre que ceux de ces ouvriers dont les larmes sincères attestaient le repentir. C'est donc ainsi que cette lie du peuple qu'il fut, dans ces temps, si facile d'égarer, faute d'instruction, portait la stupidité au point de vouloir briser les idoles qu'elle devait honorer. Aujourd'hui ce peuple n'immolerait pas ainsi ses bienfaiteurs, il formerait un rempart aux amis de leur pays, de leur Roi et de la constitution ; mot qu'alors il n'aurait pu même épeler, et qui a pour lui, aujourd'hui, une acception, celle d'un contrat qui lie la nation à son souverain.

Revenons maintenant à l'homme privé, vertueux, au philosophe enfin, comme ne s'étant jamais écarté des sentiers de la sagesse, de la droiture, du devoir, mais surtout de la bienfaisance ; et il eût été humain, quand bien même il n'aurait pas connu le malheur ; car l'auteur de la nature; quoi qu'en disent ses calomniateurs, a créé l'homme bon; et c'est cette abjection à laquelle, dans les dernières classes de la société, il se trouve condamné, qui le fait enfin franchir cet intervalle immense qui le sépare de ses semblables, et se dire : et moi *aussi je suis homme*, lorsque la religion ajoute : *et créé à l'image de Dieu*.

Une éducation libérale aurait ajouté peu aux dons que M. Nast avait reçus de la nature. Cependant, convaincu des avantages qu'elle procure, nulle éducation domestique, car il la voulut telle, n'a peut-être égalé celle de ses deux fils, si on en excepte ces arts, plus agréables qu'utiles, qui, de *simple goût, finissent souvent par dégénérer en passion* : c'est la réponse qu'il fit en ma présence à un grand amateur de la chasse, qui vantait le bonheur que devait procurer aux jeunes Nast l'étendue que leur offrait pour cet exercice la belle terre de Chelles et de Gournai, aujourd'hui leur propriété.

Le meilleur des pères avait été le meilleur des époux. Quelle part n'a pas Mme. Nast à l'éloge de celui dont elle a fait le bonheur !

Un instituteur, l'ami de tous, et la mère, se partageaient, l'un les soins de l'éducation, et l'autre ceux des plaisirs de leur âge. L'instituteur les accompagnait aux exercices étrangers à une éducation domestique; mais un professeur de chimie, M. Chevillot, vint s'installer dans la maison de ses élèves, pour les instruire de cette science, comme présidant tous les arts, et spécialement à celui de la porcelaine.

A l'époque où M. Nast se maria, déjà il pouvait prétendre à de la fortune, et il eût consenti à ne recevoir aucune dot, bien convaincu que l'économie qu'une femme sage sait faire régner dans sa maison, a bientôt élevé cette dot négative au dessus de la plus riche, parce qu'elle est toujours croissante.

Cette notice sera lue par quelques époux. Pourquoi supprimerais-je plusieurs de ces détails que j'ai recueillis de la bouche de M. Nast, et qui m'ont laissé une impression profonde, lorsqu'à la mort de cette épouse, appelé par ses fils pour verser quelques consolations dans l'âme de leur père, il me fit la confidence des longues années de son bonheur, que pas un nuage n'avait obscurci? Comment consoler en pareil cas? Des lieux communs suffisent à une douleur commune; mais ici il fallait presser contre son sein son ami, et l'inonder des larmes dont lui-même vous inondait. Je hasardai de lui dire. « Voici le retour de la belle saison; vous trouverez quelque distraction dans votre terre : ce temple que vous avez contribué à réparer, ce culte que vous y rétablissez, ce pasteur que vous rendez à la religion, et ce maître d'école à l'instruction du peuple; ces arbres enfin dont vous avez embelli la route et les chemins vicinaux! » A ces mots, il se lève et s'écrie : *Mais ces arbres me demanderont : Où est ta moitié, celle dont l'œil nous alignait ? Que leur répondrai-je ?* ELLE A CESSÉ DE VIVRE ! Pindare aurait-il, dans une élégie, peint la douleur plus énergiquement, et son imagination lui eût-elle présenté cette image, cet accent de l'âme ?

Mais laissons concentrés dans le sein de sa famille et dans le cercle de ses amis, plusieurs de ces traits qui l'ont rendu si respectable à tout ce qui l'environnait, et ne parlons plus que de sa bienfaisance.

Le temps, qui accroissait sa fortune, avait aussi accru sa famille de nombreux ouvriers, dont il devenait le père ; c'était une adoption.

C'est ainsi qu'à ces époques de langueur du commerce qui, dans ces derniers temps, ne se sont que trop souvent renouvelées, alors même que tant d'autres manufactures demeuraient inactives, la sienne ne le fut point, si on excepte les tristes journées du siége de Paris, où les boulets menaçaient ses ateliers. Mais, quoique toute vente fût suspendue, les travaux reprirent, c'est-à-dire que chaque semaine exigeait un fonds d'avance pour ajouter à une fabrication sans écoulement.

Toutefois, à ce sentiment d'humanité se joignait un sentiment d'esprit public et d'orgueil national ; il mettait des fonds considérables en avance pour retenir dans sa fabrique ces ouvriers qui, dans la confidence de nos arts et de leur perfectionnement, auraient été les reporter à l'étranger, déjà si riche de nos dépouilles en ce genre.

Dans le moment même où la mort le frappait, M. Nast renouvelait l'obligation qu'à d'autres époques de disette il s'était imposée, de maintenir le pain pour ses ouvriers *à trois sous la livre*; il leur tenait compte, à la paye, du surplus de ce prix.

Il en était ainsi des journaliers qu'il employait à sa terre, auxquels il fournissait, au prix des années ordinaires, le blé de leur consommation. Ses granges restaient ouvertes aussi au cultivateur à qui la terre redemandait un blé qu'il avait été forcé de consommer, ou que peut-être il avait vendu à un haut prix, sûr de retrouver ainsi sa semence. Un village voisin, sur lequel il avait des terres, participa à ses bienfaits. Voilà de ces aumônes dans la confidence desquelles la main droite met nécessairement la main gauche; et le secret des aumônes n'est pas le plus sûr moyen de les propager; il en est de la charité comme des autres vertus que l'exemple étend et accroît.

Si la bienfaisance était pour M. Nast une vertu obligée, un besoin impérieux, il en fut ainsi de son désintéressement; et cette époque de la révolution, qui devait créer ou ensevelir tant de fortunes, signala ce noble caractère. Il est permis de citer comme exemple bien rare ceux qui alors remboursèrent en argent les assignats, et il a fait huit ou dix de ces remboursemens; mais comme exemple bien plus rare encore, c'est d'avoir été remuer la cendre des morts pour régler avec eux. C'est ainsi qu'ayant acheté d'un jardinier un marais pour le joindre à sa propriété, l'acquisition consommée, et les assignats qui en étaient le prix utilement employés sans doute par le vendeur, M. Nast alla rechercher les héritiers pour acquitter ce qu'il regardait comme une dette sacrée. Des larmes de reconnaissance ont dû effacer quelques-unes des signatures de pareils reçus. La religion même, alors, n'exigeait pas ces sacrifices! M. Nast les fit tous, et c'est le secret de sa mort qui nous révèle celui de cette rare loyauté : il a laissé ces témoins comme des leçons muettes; mais ses fils pouvaient s'en passer.

L'opulence ajoute au luxe de ses obsèques le luxe de pauvres précédant le cercueil, coiffés d'un morceau d'étoffe, et portant un flambeau dont leurs larmes n'éteignent point la flamme. Or, la somme qu'eût coûté leur assistance, a été remise par MM. Nast fils, à l'église et au comité de bienfaisance, pour leur être distribuée; en sorte que, ce jour-là même, les pauvres ont pu se livrer au travail, et ne pas aller, pour la plupart, consommer le soir, en débauche, l'écu reçu le matin; mais, au lieu de cent pauvres, le cercueil a été environné de mille individus que, par le travail, M. Nast avait soustraits à la pauvreté.

Aussi n'y a-t-il peut-être pas d'exemple d'une cérémonie qui ait attiré une foule aussi immense ; les rues que le cortége a traversées, étaient inondées ; l'église était pleine des ouvriers de sa manufacture, de leurs femmes, et d'enfans qui déjà savaient qu'ils venaient de perdre le protecteur de leur jeunesse, celui qui les adopterait. Mais que les malheureux se consolent, M. Nast laisse dans les personnes de ses deux fils, des successeurs dignes de lui, et des héritiers de ses vertus.

Combien de ces fortunes, si nouvelles et si rapidement acquises, dont un voile devrait cacher l'origine ! lorsque celle qui est le fruit de l'industrie et du commerce, n'a rien que d'honorable. Un grand fabricant est la reine abeille ; ses ateliers offrent l'image de la ruche ; ces gâteaux de cire et de miel sont le lent ouvrage de mille et mille ouvrières, dont le travail a coopéré à les former, et qui y ont trouvé leur nourriture pour la saison de l'hiver.

Non, le pauvre n'insulte point à la richesse quand elle devient en quelque sorte son patrimoine, et qu'il en touche ainsi plus que la dîme ; alors il bénit le riche et le pleure. Aussi les larmes et les gémissemens de ce peuple devenaient-ils le plus éloquent éloge de M. Nast ; un deuil nombreux ajoutait à ce cortége imposant de mille individus qui auront assisté à ses funérailles, et l'ont conduit à sa dernière demeure. Cependant l'amitié a cru devoir répandre quelques fleurs sur cette tombe.

« Combien, a-t-elle dit, de dépositaires infidèles des devoirs que la nature, la société et la religion imposent à l'homme, abandonnent la vie sans laisser de doux souvenirs, et même sans emporter de regrets ! Combien est sèche la terre qui va les recouvrir ! Si elle est arrosée des eaux lustrales, elle ne le sera pas d'une seule larme, quand la tombe qui reçoit la dépouille mortelle de Jean-Népomucène-Hermann Nast, s'inonde dans ce moment de tant de pleurs ! de ceux de ses fils, pour qui leur père était l'image de la Divinité sur la terre; de ceux que viendront y verser deux brus qui ont à peine entrevu le bonheur que leur destinait ce vénérable patriarche, digne du premier âge du monde ; des pleurs de parens qui trouvaient en lui un appui, d'amis nombreux : car nul n'était plus digne d'en avoir ; enfin, de concitoyens qui honorent celui qui a honoré les fonctions publiques qui lui ont été confiées, et surtout que ses vertus ont rendu si cher à l'humanité.

» Que les mânes de Nast reçoivent nos douloureux hommages, et lui reportent les adieux des Romains à leurs morts vertueux : *Vale, vale, sit tibi terra levis. Adieu ! adieu ! que la terre qui te recouvre ne pèse pas sur toi !* »

A. A. CADET DEVAUX.

Imprimerie de FAIN, rue de Racine, place de l'Odéon.

www.ingramcontent.com/pod-product-compliance
Lightning Source LLC
Chambersburg PA
CBHW071450060426
42450CB00009BA/2361